BEI GRIN MACHT SICH IHR WISSEN BEZAHLT

- Wir veröffentlichen Ihre Hausarbeit,
  Bachelor- und Masterarbeit

- Ihr eigenes eBook und Buch -
  weltweit in allen wichtigen Shops

- Verdienen Sie an jedem Verkauf

Jetzt bei www.GRIN.com hochladen
und kostenlos publizieren

Gebhard Deißler

Eschatologie der Macht

GRIN Verlag

Bibliografische Information der Deutschen Nationalbibliothek:

Die Deutsche Bibliothek verzeichnet diese Publikation in der Deutschen National-
bibliografie; detaillierte bibliografische Daten sind im Internet über http://dnb.d-
nb.de/ abrufbar.

Impressum:

Copyright © 2013 GRIN Verlag GmbH
Druck und Bindung: Books on Demand GmbH, Norderstedt Germany
ISBN: 978-3-656-56659-5

Dieses Buch bei GRIN:

http://www.grin.com/de/e-book/211071/eschatologie-der-macht

GRIN - Your knowledge has value

Der GRIN Verlag publiziert seit 1998 wissenschaftliche Arbeiten von Studenten, Hochschullehrern und anderen Akademikern als eBook und gedrucktes Buch. Die Verlagswebsite www.grin.com ist die ideale Plattform zur Veröffentlichung von Hausarbeiten, Abschlussarbeiten, wissenschaftlichen Aufsätzen, Dissertationen und Fachbüchern.

Besuchen Sie uns im Internet:

http://www.grin.com/

http://www.facebook.com/grincom

http://www.twitter.com/grin_com

Transcultural Management

Gebhard Deißler D.E.A./UNIV. PARIS I

ESCHATOLOGIE DER MACHT

Interkulturelles- u. Transkulturelles Management (German)

Intercultural &Transcultural Management (English)

Gestion Interculturelle et Gestion Transculturelle (French)

Gerencia Intercultural y Gerencia Transcultural (Spanish)

Gerência Intercultural e Gerência Transcultural (Portuguese)

跨文化的智慧精髓 - kua wen hua de zhi hui jing sui (Chinese)

транскультурная компетенция - transkulturnaja
kompetencija (Russian)

toransukaruchā   · manējimento (Japanese)
トランスカルチャー   ·   マネジメント

Vishua Chaytana (Sanskrit)

ZAKAA AL-TA'ALOF AL-THAQAFEE (Arabic)

Inhalt

1

JESUS CHRISTUS - ALLEINZIGER HERRSCHER DES UNIVERSUMS UND ERLÖSER DER MENSCHHEIT

Die Philosophie besagt, dass die Macht und somit die von ihr verliehene Kraft der Beherrschung das bedeutsamste sozialwissenschaftliche, das heißt, das soziale Leben der Menschen auf der Welt bedingende Motiv ist. In der Tat, all unsere persönlichen und kollektiven Agenden, von den profansten und materiellsten bis hin zu den geistig-spirituellen, scheinen diese menschliche Tendenz aufzuweisen. Sie scheint eine Konstante des Menschseins zu sein, wie es der Mensch unserer, sowie vergangener Zeiten, ebenso im privaten wie im sozialen Bereich, erfahren und erlebt hat und dies, aufgrund der schweren Veränderlichkeit des menschlichen Wesens, wohl noch in menschlich überschaubarer Zeit tun wird.

Diese Logik der Lustmehrung durch Macht und Beherrschung in subtiler und manifester Form ist aber genau die Wurzel aller gesellschaftlichen Dysfunktionalitäten und Probleme. Ein großer Teil der Wissenschaften befasst sich mit diesem menschlichen Sachverhalt, um ihn so zu steuern, dass menschliches

Zusammenleben dennoch einigermaßen reibungslos vonstattengehen kann. Weise haben dies als die Tyrannei des menschlichen Ich oder Ego identifiziert; dieses Wort mit drei Buchstaben, um das beinahe die Gesamtheit menschlicher Erkenntnissuche über sich selbst kreist. Physiologen haben versucht die neurophysiologische Basis dieses Ichs zu identifizieren und meinten, schon lange auf einen neuroanatomischen Bereich im Cortex gestoßen zu sein, der offenbar alles zu sich in Beziehung setzt und somit eine Art Fokalbereich dieses Ich, also seine materielle Basis, verkörpert.

Die Politik versucht dem Übel nach dem Motto Similia Similibus Curantur zu begegnen, um es in möglichst zivilisierter Form zu domestizieren. Die Geisteswissenschaften suchen das Problem auf psychischer Ebene zu erfassen und es möglichst Kollateralschäden vermeidend zu steuern, oder aber sein Momentum für die Verwirklichung individueller und kollektiver Agenden zu nutzen.

Die Rechtssysteme und die Religionssysteme haben sich humanistisch und ethisch inspirierte Kodizes und Verhaltensmaßstäbe für zivilisierte und konstruktive menschliche Interaktionen gegeben und eine diesseitige und jenseitige menschliche Rechenschaftspflichtigkeit für die Missachtung ihrer Ge- und Verbote in Aussicht gestellt. Doch die über Äonen verstärkte Aktivität des Ich trotzt diesen zivilisierenden Instrumenten, die sich die Menschheit verliehen hat oder ihr verliehen wurden. Somit breiten sich die Wellen dieses, den Menschen beherrschenden Ich, auf dem Ozean des Lebens aus, wo sie zyklisch regelrechte Tsunamis verursachen. Und nach Beseitigung des Schadens entstehen hie und da neue Wellen, sodass das zeit- und veränderungsresistente Ich das Meer des Lebens weiterhin aufwühlt. Nicht Neues, weder im Osten noch im Westen, Norden, noch Süden, unabhängig von Ideologien, weltlichen Systemen oder Religionen. Lediglich die Form und die Intensität der Dynamik des Ich individueller und sozialer Art scheinen eine gewisse Variabilität aufzuweisen.

Der Mensch kann auf diesen Sachverhalt proaktiv oder resignierend reagieren, um ihn entweder einerseits möglichst zu seinen Gunsten zu nutzen oder um ihm aber andererseits ganz und gar aus dem Weg zu gehen und den Sachverhalt somit zu umgehen zu suchen. Im ersteren Fall besteht das Risiko darin, dass er auch ein Opfer der Mechanismen des Ich werden kann, im letzteren darin, dass die Logik des Ich ihm dennoch bis in seine privatesten und intimsten Bereiche hinein zusetzt. Schließlich kann niemand in Frieden leben, wenn es seinem bösen Nachbarn nicht gefällt. Niemand ist gefeit gegen Störungen durch ich-süchtige Mitmenschen bei zusätzlicher räumlicher Unausweichbarkeit.

Die Domestizierung des Ich mit seinen destruktiven Spielarten ist das Hauptmotiv menschlichen Trachtens nach Erkenntnis über sich selbst und um dessen Wogen in seinem Dasein zu glätten. Jahrtausende asiatischer Erkenntnis haben daher die Harmonie als den höchsten Wert identifiziert. Sie bildet den Kern sozialen und interindividuellen zivilisierenden Denkens und Tuns. Andere Systeme suchen die Logik des Ich zu transzendieren. Sie betrachten es also ein zeitlich-materielles Phänomen, das man mit der Transzendierung der Zeit beherrschen kann. Und dies erachten sie als möglich durch die Perspektive der Wahrnehmung des Flusses der Aktivität des Ich als Zeuge, mit einem Bewusstseins Zeugen, das selbst teilnahmslos und unverändert den Fluss der Wellen des Ich vorüberziehen lässt, ohne sich in seinen Strom hineinziehen zu lassen. Dieses Ich verharrt in einer Art unbewegter Weisheit. Es bleibt über dem Zeitlichen mit seiner ich-basierten Dynamik. Die weltlichen Systeme dagegen suchen die Aktivität des Ich auf der Ebene des Mentalen normativ zu lösen. Sie bleiben auf der Ebene, die für das Zeitliche und seine ich-basierten Aktivitäten kennzeichnend ist. Dadurch entstehen die menschlichen Dilemmata, die man wiederum auf derselben Ebene zu integrieren sucht. Doch diese Ebene scheint ein unentrinnbares Labyrinth zu sein, in dem sich der Mensch ohne Ausweg vielfältig verirrt hat und dies weiterhin tut.

Die unbezähmbare Aktivität des Ich ist ebenso verheerend, wie sie unbeherrschbar ist. Dies bedeutet, dass das Schicksal des Menschen besiegelt ist – auch dann, wenn es durch die Anstrengungen des Ich in vielfältiger Weise vergoldet wird. Derart ist die Konstitution des Menschen. Einige, die das ebenso, wie die Unfruchtbarkeit aller menschlichen Bemühungen zur Wendung dieses Schicksals erkannt haben, verstummen und sagen implizit. Seht! Seht doch einfach, was ist! In diesem Sehen ohne Alternative dessen, was ist, ohne es verändern zu wollen, kann eine Transformation herabeigeführt werden. Doch diese Attitude, die die Transzendierung der mentalen, zeitlichen Ebene mit seinen Ich-bezogenen Aktivitäten ermöglicht, ist auch nicht nachhaltig, sondern reversibel, so dass die alten, über Äonen eingeschleiften und verstärkten Mechanismen irgendwann wieder die Kontrolle übernehmen und neue ich-basierte Konfliktkreisläufe einleiten. Davon ausgenommen sind höchstens einige wahre Heilige, die diese Welt hinter sich gelassen haben, während sie noch in ihr sind.

Doch eben hier setzt die religiöse Norm des Christentums an, wie sie vom Begründer dieser Religion gelehrt wurde. Es ist sein Erbarmen mit dem Geschöpf, das seinen Schöpfer bewogen hat, die menschliche Gestalt anzunehmen, um mit seinem eigenen Leben zu zeigen, dass die Durchtrennung des gordischen Knotens des Ich mit seiner Hilfe nötig, ja selbst erforderlich ist.

Die Problematik der Dualität von Gut und Böse, die zu Beginn der Schöpfung nicht vorhanden war, sondern erst durch den Abfall von der göttlichen Ordnung durch Luzifer möglich wurde, der sagte, „ ich und nicht Gott", herrsche und auch Eva bewogen hat, diesen Schritt des Ungehorsams zu tun, sind die eschatologische Basis der Ich-Orientierung des Menschen, die den Verlauf der Geschichte bis zum heutigen Tage bestimmt hat.

Das Wort, durch das alles geworden ist, nahm in der Gestalt Jesu Christi von Nazareth vor 2000 Jahren Gestalt an, um die durch Luzifer usurpierte Schöpfung wieder von der Knechtschaft seiner Bosheit zurückzukaufen und zu erlösen. In seinem Leben als Mensch wurde aber auch selbst er versucht, dem herrschsüchtigen Ich-Bezug des Verderbens der Schöpfung und seinem Willen zur Korrumpierung der makellosen Schöpfungsordnung zu huldigen. Das ich-basierte Machtmotiv des abgefallenen Engels Luzifer kann als Archetyp menschlicher ich-basierter destruktiver Machtagenden betrachtet werden, dem die Stammeltern des Menschengeschlechtes als erste zum Opfer fielen. In der Folge ebbte diese einmal ausgelöste Welle des Bösen in der gesamten Menschheitsgeschichte bis zum heutigen Tag nicht ab, im Gegenteil, mit der Entwicklung der Fähigkeiten des Menschen potenziert sich auch der Impact des Bösen, das nun gleichermaßen die gesamte Schöpfung erfassen kann, ebenso, wie das in Luzifer inkarnierte Böse, mit seinem Willen zur Macht, die Herrschaft über die gesamte Schöpfung von Jesus Christus zu erschleichen suchte, das heißt, den Schöpfer und wahren Herrscher dieser Welt um seine eigene Schöpfung bringen wollte. Man erkannt die Grenzen- und Schrankenlosigkeit der Agenda des Bösen, das sich selbst über die göttliche Ordnung erhebt und eine Gegenordnung zu etablieren sucht, die aber keine Rettung und kein Heil bringen kann, weil sie nicht von Gott kommt.

Das Böse mit seinen ich-basierten Machtagenden geht also weit über die menschliche Vernunft mit ihrer Steuerungsmöglichkeit hinaus, in die Tiefe der Schöpfungsgeschichte hinein. Der Mensch wird in diesen Kontext der Schöpfungsgeschichte hineingestellt, in der er sich daher zurecht hineingeworfen und verlassen, ja sogar hilflos ausgeliefert wähnt, wenn er die Hand des Schöpfers hinter der ihn umgebenden Dunkelheit, die mit Satan und seinen schöpfungsordnungskorrumpierenden Agenden in die Welt gekommen ist, nicht mehr erblickt. Seine eigenen Versuche sich eigenmächtig zu erlösen und zu befreien, sei es durch Selbsterkenntnis und Wissen und menschliche Weisheit sind nicht mehr als Placebos und Seifenblasen, die sich alsbald als Windhauch und Luftgespinst erweisen.

Der Herrschaftsanspruch der Macht des Bösen konnte nur gebrochen werden durch die Verweigerung der Forderung des Bösen mit seinem Willen zur Ausübung der Macht um der Beherrschung ohne Erlösung willen und somit der Vollendung satanisch, sadistischer Macht durch Ausgeliefertsein ohne Möglichkeit der Errettung, sowie dessen Substitution durch die Macht der Liebe. Diese Liebe ist noch größer als alle Macht. Sie ist unendlich, unendlich mächtig und kann jede Form von Macht, ja sogar die des Todes und des Teufels verschlingen. Diese menschlich unfassbare Liebe, die ein Wesensmerkmal des Schöpfers selbst ist, tritt in Christus in menschlicher Gestalt aus der Unzugänglichkeit der Ewigkeit in die Zeit ein, um seine Schöpfung, die durch den Usurpator und seine die Schöpfung usurpierenden Machtagenda dem Zeitlichen anheimgefallen war, freizukaufen.

Liebe kennen wir in der Regel nur in ihrer zeitlichen Form und als schwachen Abglanz des Kennzeichens des Schöpfers. Doch sie ist ein Kennzeichen des Logos oder Wortes, durch das alles geworden ist und hat daher Schöpferkraft. Macht dagegen ist ein menschliches Motiv, das Unterordnung postuliert und Gratifikation durch Lustmehrung am Spiel der Macht sucht.

Obschon Gott allmächtig ist, das heißt, ihm in der Gestalt Jesu Christi alle Macht im Himmel und auf Erden gegeben und somit auch die über das Böse in jeder Form gegeben ist, herrscht er durch Liebe, denn vor seiner absoluten Macht könnte kein Wesen bestehen. Dies sagen uns die Heiligen Schriften. Das Erlösungswerk ist ein Werk der Liebe ohnegleichen, das die Welt erlöst und erneuert und von der Knechtschaft des Verderbers befreit hat.

Als höchste und absolute Macht und Gewalt im Universum ist sie die einzige irreversibel befreiende Realität von allen Agenden der ich-basierten Macht des archetypischen Bösen mit seinen zeitlichen Ausprägungen.

Die Erkenntnis und Einsicht in die eigentliche Schöpfungsordnung ist die einzige befreiende Wahrheit für den Menschen von aller geistigen Dunkelheit und Wirrnis, die der Antechrist in die Welt gebracht hat. Ein jeder Mensch, ein jeder Staat, entscheidet, ob er sich der Agenda der individuellen und kollektiven, ich-basierten, die Schöpfung und den Menschen usurpierenden Macht des Bösen oder aber der unendlichen Liebe des einen und einzigen und ewigen Schöpfergottes und somit

Ihm selbst anschließt und damit Gott treu ist oder in der Gott gegebenen Freiheit, diesem untreu wird und den Agenden des Ichs statt Gott, dem Guten ohne Makel von Anfang an, folgt, dessen Herrschaft allein in der unendlichen Macht der Liebe, im Gegensatz zum schrankenlosen Willen zur Macht um der Beherrschung ohne Errettung willen, besteht.

Hinter der Schöpfung und ihrer Usurpierung thront ihr einziger und alleiniger König, Christus, unanfechtbar und unveränderbar. Die Liebe dieses Herrschers des Universums und das Vertrauen in ihn sind das Siegel und Zeichen, in dem allein die Erlösung von den Fängen des Zeitlichen mit seinen scheinbar unbeherrschbaren ich-basierten, menschlich zerstörerischen Agenden, möglich ist.

2

DIE BEDEUTUNG UND DIE ROLLE DER FRAU IM ERLÖSUNGSWERK JESU CHRISTI

Man sucht in der Bibel vergeblich nach Stellen der Verwerfung der Frau. Im Gegenteil, man könnte zur Überzeugung gelangen, dass Jesus Christus der erste Feminist war, der die Frau in einer die menschliche Vernunft übersteigenden Weise, nicht nur als Geschöpf, sondern sogar als Mitschöpferin erwählt hat. Diese hohe Bedeutung der Frau im Heilsplan Gottes hat dem Satan so sehr missfallen, dass er ihm dieses glorreiche Werk von Anfang an verderben und es von einem Werkzeug des Schöpfers und der Schöpfung in ein Werkzeug der Zerstörung – von ihrer Gott gewollten Natur zu entfremden und zu zerrütten suchte.

Gott hat den Weg von der Ewigkeit in die Zeit durch das Wesen einer Frau beschritten. Dieses Vermächtnis hat die Frau in ihrer mitschöpferischen Natur für immer geheiligt, sofern sie sich nicht selbst absichtlich desakralisiert. Sie steht in einem besonders intimen Bezug zum Schöpfungs- und Heilsplan Gottes. Man könnte sagen, dass Gott Vater, Sohn und Heiliger Geist an sich keinen Raum für die Frau haben. Aber die Schöpfung fußt mit einem Standbein auf der Frau und ist erst durch sie möglich. Als Manifestation der Schöpferkraft ist sie Teil des Schöpfers, da Subjekt und Objekt der Schöpfung untrennbar voneinander sind.

Da alle Menschen von der Frau geboren werden, haben sie auch, sofern sie es nicht verwerfen, Anteil an der sakralen Natur der Frau. Die Bedeutung des als weiblich erscheinenden in der Spiritualität des Mannes zeugt selbst im Mann noch von der Konsekration der Frau und dadurch auch des Mannes. Verwirft ein Mann oder entheiligt er seine eigene weiblich spirituelle Komponente an der er wesensgemäß, kraft seiner Geburt durch eine Frau in der Gestalt seiner Mutter, teilhat, so entstehen von der persönlichen Integrität und der vom Schöpfer geplanten Integrität der Schöpfungsordnung abweichende geistig-körperliche Anomalien, die sich als individuell und sozial destruktive Agenden manifestieren. Psychologen, Biologen und der gesunde Menschenverstand gleichermaßen können es intuitiv, gefühlsmäßig und analytisch erkennen, wenn die männlich-weibliche Balance im Wesen fehlt und er somit von der Integrität und Normalität seines vom Schöpfer beabsichtigten Wesens abkommt. Dies könnte man als den eschatologischen Hintergrund individual- und sozialpsychologischer Fehlleistungen vom Alltagsstress bis hin zu den großen Kriegen bezeichnen, da die Wellen der Korrumpierung der bipolaren komplementären Identität des Individuums sich endlos ausbreiten.

Es gibt kaum eine Zivilisation, die die unumgängliche konstitutive Komplementarität des Weiblichen in Bezug zum Männlichen nicht erkannt hätte. Spuren des Plans und der Handschrift des Schöpfers sind in nichtchristlichen, wie christlichen Religionen, bis hin zu ihrer expliziten Form in der katholischen unverkennbar. Und das protestantisch-katholische Schisma und der damit einhergehende Kultur- und Religionskrieg sind kausal mit der Nichterkenntnis oder dem protestantischen Revisionismus der (r)einen christlichen Lehre in dieser existenziell relevanten Frage verbunden.

Die Geschlechterkonkurrenz und die Beherrschungsagenden sind ein ich-basiertes Machtmotiv beider Geschlechter in diverser Form, das die Integrität des Menschen, wie er gedacht ist, pervertiert hat. Auch hier begegnen wird einer ich-basierten Machtagenda der selbstsüchtigen Gratifikation, die von der Quelle der Usurpierung der Schöpfung in diese einfloss und immer noch einfließt.

Nachdem das Wort in der Gestalt Jesu Christi unanfechtbar für die Machtagenden des Usurpators war, ist das Ziel des Angriffs nun das schwächere Abbild des Schöpfers, der Mensch. Deshalb braucht der Mensch eine Anbindung an die diese Logik selbstsüchtiger Macht transzendierende Allmacht der Liebe Gottes, damit sein untrennbar komplementäres, durch die Kraft der göttlichen Liebe zusammengefügtes Werk, Bestand hat. Nur so kann die konstitutive Lebensordnung intraindividuell und interindividuell und nicht zuletzt in der Liebespartnerschaft gewahrt bleiben. Das Verhältnis von Gott und Mensch, sowie das zwischenmenschliche, sind ohne die Dimension der Liebe unvorstellbar. Und die Frau - und dadurch jeder Mensch als Geschöpf mit einer weiblichen Komponente, aufgrund der Geburt von seiner Mutter - hat eine Schlüsselrolle im Heilsplan Gottes für den Menschen.

Daher kann man annehmen, dass wir keine Emanzipation, sondern vielmehr eine Rehabilitierung der ursprünglichen Würde der Frau brauchen, damit der Mensch insgesamt dadurch geheilt werden kann. Sie ist ein unverzichtbares Element dieser Konsekration des Menschen per se. Sie wurde nicht zu Jux und Tollerei des Mannes und ihrer selbst geschaffen, sondern als Werkzeug der Veredelung des Menschen. Das Böse des Allverderbers und Lügners hat durch seine Anstachelung des Menschen versucht, dieses Absicht Gottes von Anfang an zu durchkreuzen und somit das Menschengeschlecht von Seinem Weg ab- und auf jenen des Verderbens zu bringen. Die Zerwürfnisse zwischen Mann und Frau sind von diesem Zeitpunkt an eschatologisch begründet, aber aufgrund der menschlichen Nichterkenntnis dieser Tatsache, werden sie von ihm stets neu inszeniert und perpetuiert.

Eine Emanzipation und Rehabilitierung der Frau als Mitschöpferin, statt eine von dieser Rolle alienierenden Emanzipation, ist dem Menschen von Nutzen und entspricht dem Heilsplan mehr, als eine antagonisierende Neuordnung der Geschlechterrollen, die von den ich-basieren Machtagenden des Geschlechterkampfes inspiriert, getragen und somit Teil der Perpetuierung der Macht ist, die eifersüchtig bestrebt ist, die Schöpfungsordnung zu torpedieren.

Die höchste Vollendung findet die Frau in der Ausrichtung auf die erste aller Frauen, die Königin des Himmels und der Erde, die die Humidität einer Magd des Herrn einer sich selbstbehauptenden und sich durchsetzenden, emanzipatorischen Machtagenda entgegensetzt. Auf diesem Weg gelangt die Frau und somit der Mensch zu seiner Gott gewollten Verwirklichung. Nur in der ihr übertragenen Rolle, die im Vorbild der Frau aller Frauen ihre Vollendung findet, kann die Frau die ihr in Genesis zugeschriebene Aufgabe der Mitwirkung am Heilsplan Gottes erfüllen. Und eine alternative Schöpfungsordnung gibt es nicht. Es ist eine Frage des Seins oder des Nichtseins für den Menschen insgesamt. Und Sein oder Nichtsein sind in der Tat eine vitale, das Leben betreffende, schöpfungsrelevante Frage.